D1084547

10 cosas que puedes hacer para reducir, reciclar y reutilizar

Elizabeth Weitzman

Asesora de contenido
Nanci R. Vargus, Ed.D.
Profesora emérita, Universidad de Indianápolis

Asesora de lectura
Jeanne M. Clidas, Ph.D.
Especialista en lectura

Scholastic Inc.

CONTENIDO

PLÁSTICO

VIDRIO

Introducción

Ropa, juguetes, libros, bolsas... ¡usamos tantas cosas cada día! Pero, ¿qué sucede después? Si las botamos, **contaminamos** la Tierra. Y nadie quiere vivir en un planeta lleno de basura. No te preocupes. Hay muchas cosas que puedes hacer para ayudar a mantenerlo limpio.

Recuerda las tres R:

Reduce:
Usa sólo lo que necesitas.

Reutiliza:
Usa las cosas más de una vez.

Recicla:
Haz cosas nuevas con las viejas.

1 Reduce la basura

Es fácil ver los desechos cuando los tiras a la basura. Pero a veces estos no se ven. Si vamos en auto a un lugar cercano, malgastamos gas. Si dejamos las luces

Montar bicicleta en lugar de ir en auto no sólo ayuda a cuidar el planeta. ¡También es bueno para tu salud!

“invisible”

encendidas en un cuarto vacío, malgastamos energía. ¡Reduce el desperdicio! Camina o ve en bicicleta a los lugares cercanos. Apaga la luz al salir de la habitación.

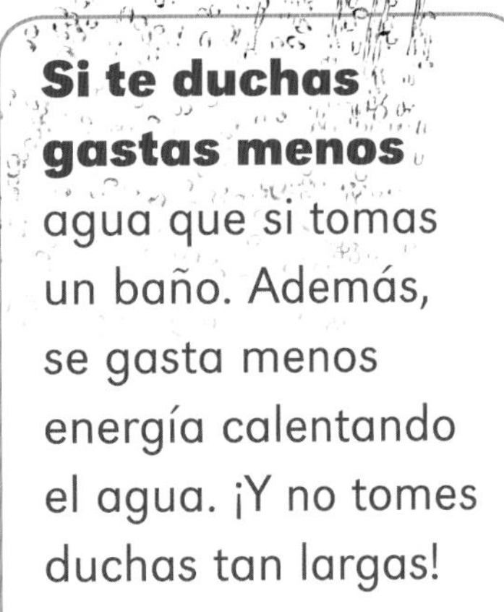

Si te duchas gastas menos agua que si tomas un baño. Además, se gasta menos energía calentando el agua. ¡Y no tomes duchas tan largas!

2

Cosecha tu comida

Comprar comida en el mercado genera desperdicio. Procesar alimentos en una fábrica o granja requiere mucha energía. Además, los camiones en que se transportan los productos contaminan el aire. Puedes reducir ese desperdicio si cosechas tus propias frutas y vegetales.

Calcula cuánto viaja la comida de la granja a tu mesa. En algunas zonas, ¡es un promedio de 1.500 millas (2.400 km)! ¡Es como ir de Nueva York a Kansas sólo para cenar!

En un huerto comunitario, los vecinos comparten la cosecha. Quizás haya uno en tu ciudad.

3 No mandes tus

¿Sabes que la basura que botas va a un basurero inmenso llamado **vertedero**? Esa basura se queda allí, contaminando la Tierra. La pila se hace cada vez más grande. Los vertederos están cada vez más llenos. Piensa antes de botar cada cosa. ¿No podrías volverla a usar en lugar de tirarla a la basura?

cosas al vertedero

Un buldócer apila la basura en un inmenso vertedero.

Como promedio, cada persona genera 4 libras (2 kg) de basura al día. En un año, ¡la basura que tiras podría llenar tu habitación hasta el techo!

4 Dales una nueva

¿Qué haces con la ropa que ya no te queda? ¿La tiras? Eso hace mucha gente. Cuatro de cada

¿Tienes cosas que ya no usas y que podrías donar?

vida a tus cosas

cinco piezas de ropa terminan en un vertedero. Pero hay una opción mejor. Busca una organización caritativa que reciba ropa usada y dónala. ¡O dásela a un amigo! No tires tu ropa. Siempre habrá alguien que pueda usarla.

Muchos libros se encuadernan con pegamento y no se pueden reciclar. Evita que lleguen al vertedero: intercámbialos con un amigo. Cuando termines de leer un libro, cámbialo por uno que no hayas leído.

5 Elige reusables,

Las botellas de agua, cajas de jugo, bolsas plásticas y servilletas de papel son **desechables**. Generan basura. Usa servilletas

¡Usar botellas reusables es una manera de cuidar la Tierra!

no desechables

de tela, que se pueden lavar y volver a usar. Usa una botella reusable o un termo para las bebidas. ¿Se te ocurren otras ideas?

En todo el mundo se usa *un billón* de bolsas plásticas cada año. Y sólo 1 de cada 100 se recicla. Muchas terminan en el mar. Esas bolsas causan daños a miles de animales marinos. Pide a tus padres que lleven bolsas reusables al mercado en lugar de usar bolsas plásticas.

Si una tortuga come una bolsa plástica, podría morir.

6 Maneras divertidas

Muchas cosas que tiramos pueden convertirse en algo útil. Es los que llamamos **suprarreciclar**. Haz piezas de origami con

El origami es el arte japonés de hacer objetos con papeles doblados. Puedes usar todo tipo de papel para hacerlos.

de reciclar

papel usado. Utiliza una lata usada para hacer un portalápices... ¡o un comedero de pájaros!

Con unas tiras de fieltro y una lata puedes hacer un portalápices.

El pintor holandés Enno de Kroon hace obras de arte, como estas flores, con cartones de huevo. Sus obras se han expuesto en museos. ¡Y se han vendido por miles de dólares!

7 Hay que reciclar

Pon los desechos de papel, vidrio, plástico y aluminio en un recipiente aparte cada día. Dobla las cajas y lava las latas.

Estas mochilas se hicieron con botellas plásticas recicladas.

Con el plástico reciclado no sólo se hacen nuevas botellas. También se hacen bancos de parque, bolsos de dormir, mochilas y... ¡botes de reciclaje!

cada día

Tus padres pueden poner los desechos en bolsas. Luego los basureros los recogerán para reciclarlos.

En algunas ciudades se usan bolsas (arriba) para el reciclaje.

Si en EE.UU. recicláramos todos los periódicos, salvaríamos unos 250 millones de árboles al año.

8 Un toque de

Hay cosas que no se pueden reciclar en casa, como computadoras, teléfonos y baterías. ¡Pero no las botes! Las puedes llevar a un centro de reciclaje. Pídeles a tus padres que averigüen cuándo habrá una jornada de reciclaje de equipos electrónicos en tu ciudad.

En EE.UU. se reciclan más de 100.000 latas cada minuto. ¡Reciclar una sola lata ahorra la energía necesaria para tener la TV encendida por dos horas!

creatividad

Los desechos del patio, como hojas, ramas y restos de hierba, se pueden reciclar.

9

Haz compost

El compost se hace con una mezcla de materiales naturales en descomposición, como las sobras de comida. Sí, suena asqueroso, pero es un buen abono para las plantas. Pregúntales

El compost no huele bien, pero es bueno para la Tierra.

con las sobras

a tus padres si puedes hacer compost con restos de comida en un bote de basura en tu casa. Pon los restos de vegetales y frutas allí tras cada comida. Usa el compost como abono en tu patio o en un parque.

Cada mes desechamos unas 20 libras (9 kg) de sobras de comida con las que se podría hacer compost. A las plantas de tu patio les encantaría esa "comida".

10 Corre la voz

Hay muchas maneras de enseñar a otros a reducir y reciclar. Comprueba si en tu escuela hay depósitos de reciclaje. Explica a tus amigos por qué deben usar los depósitos de reciclaje y no el de basura para algunos objetos.

Tu escuela debe tener botes para plástico, papel, metal y vidrio.

La Casa de Botellas es el nombre ideal para esta casa en Argentina. Las paredes de la casa están hechas con 1.200 botellas plásticas. Las puertas y ventanas están hechas con 140 cajas de CD. Y los muebles están hechos con 320 botellas. ¡Todo fue reciclado! ¿Cuánto tiempo te tomaría reunir las botellas necesarias para hacer una casa así?

Ropa vieja...

Quizás te has preguntado si los niños pueden ser ecologistas. Cuando Erek Hansen tenía 9 años leyó que los jeans reciclados servían para construir casas tras los tornados y huracanes. Investigó y así supo que la mayoría de las personas tiran a la basura los jeans y los tenis viejos. Así que comenzó una recolección anual de jeans y tenis viejos. Le puso a su proyecto Ohio Ecológico. La tela de los jeans se usa para reconstruir casas destruidas por las tormentas. Los tenis se donan a personas

y ecológica

necesitadas o se reciclan para hacer aceras, alfombras o áreas de juego. ¡Erek ha recolectado y reciclado más de 35.000 objetos en cinco años! Estableció el récord Guinness de la “Mayor recogida de ropa para reciclar”. En 2015 ganó la Medalla Presidencial de Jóvenes Ecologistas (izquierda).

Infográfica

Un almuerzo

Hay maneras sencillas de reducir la cantidad de basura que generas cada día.

Las cajas de jugo van a la basura. Usa una botella reusable para llevar el jugo.

En vez de poner los vegetales y las meriendas en bolsas plásticas, pide a tus padres que compren bolsas reusables.

Recicla todos los desechos que puedas. Las bandejas de papel, los cartones de leche y los cubiertos plásticos del almuerzo pueden reciclarse.

ecológico
Si llevas el almuerzo a la escuela en bolsas de papel, tirarás 20 bolsas a la basura cada mes. Mejor usa una lonchera o bolsas reusables.
No envuelvas el sándwich en plástico o papel de aluminio desechable. Usa mejor un contenedor reusable.

Glosario

- **contaminar:** ensuciar o hacer impuro algo

- **desechable:** objeto hecho para tirar a la basura tras usarlo

- **suprarreciclar:** convertir algo viejo en algo nuevo y mejor

- **vertedero:** lugar donde se deposita y entierra la basura

Índice

Sobre la autora

Elizabeth Weitzman es una experimentada reportera. Ha escrito más de 25 libros de no ficción para niños. ¡Ella y su familia pasan casi cada fin de semana suprarreciclando!

Más información

Visita este sitio en inglés de Scholastic para obtener más información sobre cómo reducir, reutilizar y reciclar:

www.factsfornow.scholastic.com

Usa las palabras clave **Reduce, Reuse, and Recycle**

Library of Congress Cataloging-in-Publication Data
A CIP catalog record for this book is available from the Library of Congress.

Originally published as *10 Things You Can Do to Reduce, Reuse, and Recycle*

Produced by Spooky Cheetah Press
Design by Judith Christ-Lafond

ISBN 978-0-531-22860-9 (library binding) | ISBN 978-1-338-18781-6 (pbk.)

10 9 8 7 6 5 4 3 2 1   17 18 19 20 21

Printed in China   62
First Spanish printing 2017

Photographs ©: cover grass: Anan Kaewkhammul/Shutterstock, Inc.; cover boy: IMAGEMORE Co, Ltd./Getty Images; cover yellow butterflies: kurga/Thinkstock; cover red butterflies: Cezar Serbanescu/Getty Images; cover newspapers: moodboard/Getty Images; cover sky: Elenamiv/Shutterstock, Inc.; 2 top: Alexandra Grablewski/MCT/Newscom; 2 recycling bins and throughout: Tomas Griger/Dreamstime; 2 bottom left plastic, 2 bottom right metal, 3 bottom left paper, 3 bottom right glass: RTimages/Fotolia; 4-5 background: patrick/Fotolia; 6-7 grass, 6-7 road: Iakov Kalinin/Shutterstock, Inc.; 6 bottom left: Christopher Futcher/iStockphoto; 6 bottom right: Ljupco Smokovski/Fotolia; 7 top right: Filipe B. Varela/Shutterstock, Inc.; 7 center right: Kuttelvaserova Stuchelova/Shutterstock, Inc.; 7 bottom left: greenland/Shutterstock, Inc.; 7 bottom center: MNStudio/Dreamstime; 7 bottom right: robert_s/Shutterstock, Inc.; 8: Justin Kase z12z/Alamy Images; 9: Susan Chiang/iStockphoto; 10-11 background: Sergey Zavalnyuk/Dreamstime; 11 bottom right: Deyan Georgiev/Shutterstock, Inc.; 12: Maxim Zarya/Thinkstock; 13: Wavebreakmedia Ltd/Dreamstime; 14: JAJIMO/Getty Images; 15 top: Stieber/Shutterstock, Inc.; 15 bottom: Norbert Wu/Superstock, Inc.; 16 bottom background: irynashumeika/Shutterstock, Inc.; 16 bottom: wckiw/Shutterstock, Inc.; 16 origami hat: aleksangel/Fotolia; 16 origami bird: NorGal/Shutterstock, Inc.; 17 top: Kelly Sillaste/Getty Images; 17 bottom: Enno de Kroon, Eggcubism; 18 yellow backpack: Courtesy of TerraCycle; 18 other backpacks: MCT/Newscom; 19 top: sebra/Shutterstock, Inc.; 19 bottom: Mike Watson/Thinkstock; 20: Mavar/Shutterstock, Inc.; 21: JupiterImages/Getty Images; 22 bottom left: 34451284 71/Shutterstock, Inc.; 22-23 bottom: photka/Fotolia; 23 top: Christopher Hope-Fitch/Getty Images; 25: Alfredo Casa Ecologica; 26 inset, 26 background, 27: Amy Hansen; 28-29: Susan Swan/susanswan.com; 30 juice: mybaitshop/Fotolia; 30 lunch bag: Winai Tepsuttinun/Shutterstock, Inc.; 30 vertedero: Sergey Zavalnyuk/Dreamstime; 30 plastic bags: Stieber/Shutterstock, Inc.; 30 pencil cup: Kelly Sillaste/Getty Images; 30 bottom left plastic, 30 bottom right metal, 31 bottom left paper, 31 bottom right glass, 32 left plastic, 32 right metal: RTimages/Fotolia.